Cantos, Caminos y Juegos para Niños

Publicado por The Children's Nature Institute
1440 Harvard Street
Santa Monica, CA 90404

Título original:
Trails, Tails & Tidepools in Pails
© 1992 por los guías de Nursery Nature Walks

© 1998 por los guías de The Children's Nature Institute

ISBN 0-9632753-6-4, primera edición, $12.95 en plasta blanda

Cantos, Caminos y Juegos para Niños

Más de 100 actividades faciles y divertidas en la naturaleza para familias con bebés y niños pequeños

por los guías de THE CHILDREN'S NATURE INSTITUTE

ilustrado por MARLENA DAY

RECONOCIMIENTOS

Este libro fue creado con amor, diversión y risas. Creció, cambió y floreció durante varios años. DeAnn Rushall, una de las guías originales, fue la fuente de la mayoría de las actividades. Otras guías de The Children's Nature Institute (El Instituto de la naturaleza para niños, CNI) también contribuyeron con sus ideas. Bernadette Laquer y Lisa Delucci compilaron actividades durante el primer año. Joli Jacobs, Debbie Aaberg y Judy Burns fueron las autoras principales. Debbie recopiló y estructuró las actividades y las páginas, después Joli las transformó a su estilo fantástico y Judy supervisó y editó el libro. Marlena Day diseñó, compuso e ilustró todas las páginas. Durante este proceso las guías de CNI continuaron probando y mejorando las varias actividades.

The Children's Nature Institute desea agradecer a su fundadora Harriet Bennish; a Jean Dillingham, Charisse Burdick, Tom Brown, Jr., y Marci Cohen por contribuir con ideas para las actividades; a Debbie Aaberg por hacer un índice de las actividades; a Linda Bodek por investigar, planear y organizar la publicación del libro, su distribución y comercialización; a Milt McAuley por asistir en la publicación; a nuestros correctores técnicos Kimball Garrett, del Museo de Historia Natural de Los Angeles; a Ruth Lebow, ingeniera geóloga; Valerie Vartanian, naturalista; y Milt McAuley, autor de numerosas guías sobre las Montañas de Santa Monica; a Jean Aaberg, Sue Depsky, Bernadette Laquer y Marilyn Novell, quienes corrigieron el documento final; y a Jean Berlfein, Vivian Chen, Suzanne Dahlin, Anna Marie Daniels, Sue Depsky, Karren Gratt, Barbara Harrison, Susan Hodgson, Gene Marsh, Sue Othmer y Kay Sanger por sus contribuciones. Por la traducción al español queremos agradecer a la traductora principal, Patricia Campos, a Rhonda Moore quien hizo la segunda versión y a Lidia Eppelbaum, Gina Gonzalez, Lynn Kahan, Ana Moreno, Chaya Remba, Lucy Soriano, Rubén Ortiz Torres y Rogelio Villareal quienes corrigieron el documento final. Agradecemos especialmente a nuestras guías y a nuestras caminantes por su continua inspiración y creatividad.

La impresión de este libro fue posible gracias a una donación
generosa de

The Bowen H. and Janice Arthur McCoy
Charitable Foundation

The Children's Nature Institute (CNI) es una organización ambiental no lucrativa. Todas las ganancias de este libro van a ayudar a finanziar los programas de CNI, incluyendo las caminatas para los niños de familias de bajos recursos.

The Children's Nature Institute fue fundado en 1985 cuando dieciocho voluntarios fueron entrenados como guías de caminatas en la naturaleza en cinco sitios. Hoy en día nuestros voluntarios dirigen programas sobre las ciencias naturales para miles de familias cada año. CNI también entrena a líderes de la comunidad y dirige programas para niños de familias de bajos recursos. Presentamos un festival anual de la naturaleza, educamos por medio de publicaciones y estamos trabajando para hacer de este programa un modelo aplicable en todo el país.

Nuestra misión es educar a los padres, a los niños pequeños y a los educadores sobre la fragilidad de la naturaleza, la alegría que deriva de su exploración y la necesidad de protegerla. Creemos que esto puede lograrse en parques o alrededor de sus propias casas, con el objeto de compartir momentos divertidos con la familia.

El respeto es el mensaje fundamental que enseñan los voluntarios de The Children's Nature Institute. Creemos que el desarrollo del respeto en los niños es esencial para la preservación y apreciación de nuestra flora y fauna, así como para la tranquilidad y el bienestar de nuestra sociedad urbana. Nuestros niños tienen que aprender como proteger y respetar el mundo en que vivimos.

- -

Para ordenar libros envíe esta forma con el número de su tarjeta de crédito o un cheque a The Children's Nature Institute, 1440 Harvard St., Santa Monica, CA 90404 o llama al (310) 998-1151 o (1-800) 597-6799 para ordernar por teléfono.

Nombre _____ Teléfono _____
Dirección_____
Visa/MC_____ Fecha de vigencia _____
Firma_____

Cantos, Caminos y Juegos para Niños $12.95 más $2.50 por gastos de correo. Los residentes de California deben añadir $1.07 para los impuestos.

$12.95 por _____copias = $____
$ 1.07 por _____copies = $____
$ 2.50(.75 cada copia más) $____
$16.52   Total = $____

COMO USAR ESTE LIBRO

Las actividades de este libro son muy sencillas; casi todas requieren de pocos materiales. Para algunas sólo se necesitan un día de viento o un árbol.

Esperamos ofrecer ideas que puedan ayudar a disfrutar de la naturaleza y de su simplicidad. Queremos que los adultos vean la naturaleza a través de los ojos de sus hijos. Por eso nuestras páginas se dirigen a ellos y son para leerlas en voz alta (con la excepción de las actividades para bebés). De esta manera dejan espacio para la interpretación, imaginación e improvisación propias de los niños. Cada vez que escoje una actividad, usted y su hijo descubrirán algo nuevo. Usted puede agregar ideas o incluso cambiarlas, dependiendo de su entorno.

Nuestras recomendaciones respecto a la edad promedio para cada actividad son nada más -- recomendaciones. Estas son las edades en las cuales hemos tenido mayor éxito en cada aventura en particular. De cualquier manera use su propio juicio. Todos los niños se desarrollan a diferentes velocidades.

No es necesario viajar lejos para encontrar un sendero en la naturaleza. Su patio o las grietas en la banqueta tienen tantos bichos brillantes y flores hermosas como las colinas y montañas locales.

El mensaje fundamental de este libro es CONSERVAR LA NATURALEZA. Si recoge una piedra, regrésela; si voltea un leño, vuelva a colocarlo como estaba; si junta hojas en una bolsa, suéltelas antes de continuar su camino; si ofrece amistad a un saltamontes, deje que brinque libremente.

Esperamos que los adultos lleven este mensaje a sus hijos. Sentimos que ésta es la clave para enseñar a nuestros pequeños que nuestro medio ambiente debe ser respetado y cuidado; y que cada vaina, flor e insecto tiene una razón de estar en donde se encuentra. Los niños que respetan el mundo a su alrededor, también están aprendiendo a respetar a su familia y a ellos mismos.

¡Disfrútela y consérvela!

ADVERTENCIAS

Esta página no fue escrita para que la naturaleza te asuste. No hay peligros ocultos a cada vuelta o detrás de cada árbol. Sólo hemos anotado las recomendaciones de seguridad necesarias para realizar caminatas en la naturaleza, sin lágrimas.

Algunos de nuestros consejos son muy obvios, otros, no. Manténgalos en mente y cada quién regresará a casa con una sonrisa feliz.

CÓMO VESTIRSE PARA LA CAMINATA- A nosotros nos gusta ponernos pantalones largos y sueltos, zapatos cerrados y sombreros. A menos de que esté a 100 grados afuera, también usamos camisas con manga larga. Esta ropa protege contra quemaduras del sol, escalofríos, picaduras, mordidas, raspaduras y salpullidos. ¡Tampoco olviden aplicarse crema protectora para el sol!

TRAIGA AGUA - Cuando a los niños les da sed, pueden ponerse molestos al igual que los adultos. Si se le olvida su cantimplora, no tome agua de los estanques, arroyos, lagos, etc., aunque el agua sea clara. No es por miedo de agarrar una ranita en los dientes, sino por los posibles contaminantes.

DESHÁGASE DE LOS PALOS - A los niños les encantan los palitos de madera, mientras más grandes mejor. Está bien recoger un palito, pero caminar o correr con ellos puede ser un poco peligroso. Es fácil tropezar con bultos y zanjas, y tropezarse con un palito no es nada divertido. NO recomendamos llevar palitos en el camino.

NO SE COMA LAS PLANTAS - No es recomendable comer plantas a lo largo del sendero. Muchas plantas comestibles se parecen a otras que no lo son. A menos que usted sea un experto, es muy difícil saber la diferencia. Incluso plantas que son "comestibles" pueden ser tóxicas durante varias temporadas o sin la preparación adecuada. Los niños pequeños y algunos adultos pueden tener reacciones alérgicas a alimentos silvestres.

QUEDESE EN EL CAMINO MARCADO- Trate de no salirse del sendero o del camino marcado. Pegarle a los arbustos parece ser divertido pero no es seguro ni para usted ni para las plantas o animales que podría aplastar. Un piecito puede pisar a un animal asustado o ir a dar en medio de un montón de roble venenoso.

CUIDE SUS MANOS Y PIES - Mantenga las manos fuera de los agujeros. Con mucha frecuencia los agujeros son madrigueras de animales, incluyendo víboras. Puede haber pulguitas alrededor de los agujeros esperando a caerle encima a un animalito peludo. Algunas pulgas portan enfermedades.

En general, no debe poner las manos en donde no las puedan ver. Revise el área antes de que los niños vayan a explorar.

HOJA DE TRES, VENENOSA ES - La planta más comun de tres hojas es el roble venenoso o la hiedra venenosa. Sus hojas varían en color, tamaño y forma. Si usted no está familiarizado con el roble venenoso o la hiedra venenosa y ve una planta con tres hojas, evite tocarla para no contagiarse de una alergia irritante.

QUEDESE CERCA DE SUS NIÑOS - Los niños pequeños siempre deben estar cerca de un adulto cuando salgan a la naturaleza. Sugerimos un adulto por cada niño menor de tres años.

CONTENIDOS

ACTIVIDADES PARA LA PLAYA Y LA ORILLA DEL MAR

PIEDRAS, TIERRA, MONTAÑAS Y EL TIEMPO

DESCUBRIMIENTOS

DEJANDO LA NATURALEZA

¿QUÉ PUEDES LLEVAR A CASA?

Recuerda que nuevos amiguitos como las cochinillas, arañas, flores, renacuajos, ranas y árboles están en casa ahí donde los encontraste.

Imagínate cómo te sentirías si alguien viniera a tu casa y después decidiera que te quiere tanto que te llevará a su casa.

¿Qué extrañarías?

Probablemente extrañarías a tu mamá y a tu papá, a tus hermanos y hermanas, tu cama, tus juguetes, incluso el refrigerador. ¿Qué más extrañarías?

Es muy importante dejar a tus amigos, los animalitos, allá. ¡A ellos les gusta su casa tanto como a ti te gusta la tuya!

Piensa de que manera te sería mas fácil despedirte de tus amigos de la naturaleza. Aquí hay unas ideas...

Consigue calcomanías y/o sellos de goma con figuritas de las plantas y los animales que ves normalmente a lo largo del sendero.

Si encuentras un saltamontes y tienes una calcomanía de un saltamontes, ponla en tu mano. Después, si ves un conejo y tienes el sello del conejo, estámpala. Al final de tu caminata, vas a tener recuerdos de todos los amigos que conociste. (Si no tienes sellos ni calcomanías, puedes dibujar a tus amigos en un papel y llevar los dibujos a casa.)

Trae contigo botellas para aventar chorros de agua o cantimploras llenas de agua.

En lugar de cortar flores, salúdalas con un chorrito. Despide a tus plantas amigas con una regada de agua.

Trae contigo marionetas de animalitos o muñecos de peluche.

Puedes llevar a los animales a una caminata, y traerlos a casa contigo de nuevo.

Lleva a casa los sonidos de la naturaleza.

Canta con los pájaros, silba con el viento, cruje como las hojas y lleva contigo estos sonidos a casa.

Lleva unos recipientes pequeños de plástico transparente con agujeros para el aire.

Con cuidado puedes recoger un bicho en un recipiente para saludarlo y verlo de cerca. Dile gracias y suéltalo. Observa al bicho caminar o volar a su casa.

Lleva contigo por un rato tesoros no vivientes, como conos de pino, piedritas y bellotas, después encuentra lugares especiales a lo largo del camino para que los dejes ahí.

ABRAZANDO A LA NATURALEZA

MATERIALES

Arboles, hojas, etcétera

EDADES

Bebés y niños mayores

LOS BEBES APRENDEN TOCANDO

Acerca a tu bebé a una planta, a un árbol o un tallo de hojas.

Ayúdalo a que alcance a tocar el tronco del árbol, el tallo o el pétalo.

Disfruten juntos de cada ramo, hendidura o superficie resbalosa de la planta o del árbol.

Anima a tu bebé a aprender a usar todo su cuerpo y sus sentidos.

Sentirá diferente cada superficie al tocarla ligeramente por la palma, el dedo meñique, la mejilla, la barbilla, la naríz, los dedos de los pies, el pulgar o la rodilla.

Acaricia, toca, mueve y desliza...abraza.

Mueve una rama y deja que tu bebe vea como regresa su lugar.

Deja que tu bebé escuche mientras trozas un palito en dos pedazos.

Crea un móvil.

Recoje hojas del suelo y déjalas caer enfrente de tu hijo.

OLFATEOS Y SOPLOS

MATERIALES

Botellas pequeñas de
  plástico o recipientes
Tierra
Hojas
Manantial de agua
Corteza
Pastos
Flores

EDADES

Niños que empiezan a
  caminar y mayores

¡CUIDADO CON LO QUE HUELAS!

Las hojas de salvia y eucalipto son maravillosas para oler. Otras hojas como el roble venenoso dejarán una roncha en la nariz. ¡Cuida de recoger solamente las cosas que ya conoces!

COLECCIONA LOS OLORES A LO LARGO DE TU CAMINO

Empaca unas botellas pequeñas y vacías en tus bolsas y mochilas.

Olfatea el aire.

¿Puedes capturar un olor?

Coge un puñado de tierra húmeda y guárdalo dentro de una botella.

Arranca unos pétalos de flor y suéltalos en otra botella.

Sumerge una botella en un arroyo o un charco y llena la botella de agua.

¿Puedes encontrar algo más para tus botellas?

La corteza, las hojas secas y el pasto también tienen aromas.

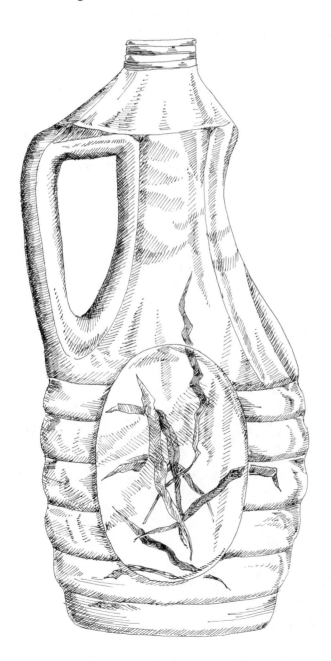

Arregla tus botellas en una fila y huélelas una por una.

Si cierras los ojos, ¿puedes adivinar lo que estás oliendo?

TOCANDO LA TIERRA

MATERIALES

Tierra

EDADES

Bebés y niños de todos edades

¡METE LAS MANOS Y LOS DEDITOS DE LOS PIES EN LA TIERRA!

Existen muchas variedades de tierra en un área pequeña. ¿Sabías que la arena de cada playa o que cada pedazo de terreno se siente diferente?

Anda en el camino y explora la tierra.

Busca tierra rocosa, tierra arenosa, tierra lodosa, tierra barrosa, tierra húmeda y suave y tierra dura, agrietada y seca.

Si quieres, puedes coleccionar tus muestras de tierra en tacitas o platitos de papel.

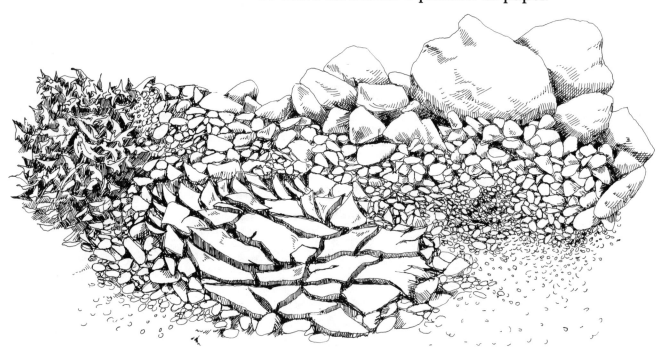

Toca las diferentes muestras con los dedos, las manos, los deditos de los pies, los codos y las rodillas.

Es fácil que los bebitos sientan la diferencia entre las muestras de tierra por tener la piel tan sensible.

Pon un poco de agua en las tacitas de papel y vuelve a tocarlas.

¿LAS MAMÁS, LOS PAPÁS, Y LOS HERMANOS PUEDEN SENTIR LA DIFERENCIA TAMBIÉN ?

AYUDANTES DEL OJO Y DEL OIDO

MATERIALES

Rollos de toallas de
   papel o de papel
   higénico
Papel
Cinta adhesiva
Hilo o estambre

EDADES

Niños que empiezan a
   caminar
Preescolares

CONVIERTE ROLLOS DE PAPÉL VACIOS EN AYUDANTES DEL OJO Y DEL OIDO

Cubre un rollo de papel con papel de color. Deja abiertos los extremos del rollo. Asegura el papel con cinta adhesiva.

Haz un agujero en una orilla del rollo. Pasa un hilo por el agujero y dale una vuelta del tamaño de un collar. Amarra el hilo con un nudo.

(¡Los padres o amigos adultos van a tener que ayudar con la construcción!)

LLEVA A TU AYUDANTE DEL OJO Y DEL OIDO ALREDEDOR DEL CUELLO DURANTE TU CAMINATA.

Localiza una flor brillante o un árbol.

Puedes verlo con los ojos, ahora trata de mirarle con tu rollo de papel.

OTRA IDEA

¡También carretes industriales para hilo hechos de cartulina o plástico hacen grandes ayudantes de ojos y oídos!

Usa al ayudante de tu ojo como un telescopio para observar amigos de la naturaleza como bichos, hojas, árboles y piedras.

Si puedes, acércate a tus amigos para verlos por el telescopio. ¿Se ven más grandes?

Pon la mano enfrente del agujero en el borde de tu telescopio, después quita la mano y juega a las escondidas con tus amigos de la naturaleza.

Convierte al ayudante del ojo en un ayudante del oído, acercando el rollo de papel a la oreja.

¿Puedes oir pájaros cantando, o el viento soplando, el agua salpicando o un saltamontes chirriando?

Continúa escuchando más sonidos especiales. ¿Qué puedes escuchar ahora con tu ayudante del oído?

COMPARANDO COLORES

MATERIALES

Cartulina
Tijeras

Opcional: Para que duren más, las tarjetas de colores pueden enmicarse con plástico transparente.

EDADES

Niños que empiezan a
   caminar
Preescolares

DALE SU HIJA UNA MUESTRA DE COLOR DE LA NATURALEZA

Recorte cuadros o círculos de cartulina de colores:

¡Asegúrese que sus figuras sean lo suficientemente grandes para que las manitas de los niños las pueden agarrar!

Deje que su hija escoja un color que le llame la atención.

¡MANOS LIBRES!

Si tu hija tiene dificultad para agarrar su tarjeta de color, un pedazo de hilo o estambre puede transformarla en un collar.

Descubra el color en los árboles, las flores, las hojas caídas, las piedras, las plumas...lo que sea que esté a lo largo del camino.

Repita en voz alta el nombre del color cuando su hija encuentre el color correspondiente en la naturaleza.

Después de un ratito, escoja un color nuevo y continúe la aventura de comparar colores.

SONIDOS DEL SILENCIO

MATERIALES

Los sonidos de la naturaleza

EDADES

Niños que empiezan a caminar
Preescolares

DANDO LAS GRACIAS

Los indígenas norteamericanos tenían un gran aprecio por el mundo natural que los rodeaba. Los niños indígenas aprendían muy temprano a agradecer a la naturaleza por darles casa y comida.

OREJAS DE VENADO

Detente silenciosamente a lo largo del camino.

Pon las manos ahuecadas detrás de las orejas.

Nota que todo suena más fuerte y más claro. Los venados tienen orejas grandes que son sensibles al sonido. Los indígenas aprendieron a imitar estas orejas para mejorar su sentido del oído.

Escucha los hermosos sonidos de la naturaleza.

Escucha a los pájaros cantar. ¿Cuántos sonidos diferentes oyes?

Escucha a las hojas crujir con el viento, o los sonidos de un arroyo.

¿Escuches a una ardilla chirriando en los árboles? ¿O a las abejas zumbando? ¿O a las ranas croando?

CAMINANDO COMO UNA ZORRA

Pon un pie frente al otro silenciosamente y camina como una zorra.

Mientras que observas silenciosamente el mundo que te rodea, quizá puedas sorprender a un conejito o a una ardilla.

Gracias a Tom Brown Jr., por presentarnos a "Orejas de venado" y "Caminando como una zorra."

SONIDOS NOCTURNOS

MATERIALES

Los oídos

EDADES

Niños que
empiezan
a caminar
Preescolares

¿QUIÉN ESTÁ DESPIERTO MIENTRAS QUE TU ESTAS DURMIENDO?

Escucha los diferentes sonidos de la noche, abre los oídos y cierra los ojos.

En la ciudad, los sonidos nocturnos que escuchas normalmente son de coches pitando, sirenas aullando y gente hablando.

En la madrugada, cuando todo está en silencio, puedes escuchar grillos chirriando, búhos ululando, gatos maullando, perros ladrando y el viento silbando.

En el bosque, por la noche, puedes escuchar muchos sonidos de animales.

Finge que eres un animal nocturno.

AULLA como un lobo.

LADRA como una zorra.

OLFATEA como un mapache.

SUSURRA como un venado.

CORRETEA como un ratón.

ULULA como un búho.

CHILLA como un murciélago.

CANTA como un grillo.

CANTOS DE PÁJAROS

EDADES

Niños que empiezan a caminar y mayores

BESA EL DORSO DE TU MANO PARA IMITAR LOS CANTOS CHILLANTES DE LOS PÁJAROS

Trata de llamar a los pájaros para que bajen de los árboles y del cielo.

Si ves a un pájaro llegar a tu lado, quédate callado y sin moverte. ¿Cuánto tiempo puedes lograr que se quede antes de que vuele?

MÁS CANTOS DE PÁJAROS

Si besar no funciona, trata de hacer "psshhh." Haz el sonido "psshhh-psshhh-psshhh" calladito.

IMITA LOS CANTOS DE LOS PAJAROS.

Cuar Cuar como un cuervo.

Ork Ork como un cuervo

de rapiña

Chi-ca-go como una codorniz.

Cuac Cuac como un pato.

Cuu, Cuu, W-www-wuu como

una paloma.

Juu Juu como un búho.

VUELOS EMPLUMADOS Y PISADAS INQUIETAS

EDADES

Niños que empiezan a
  caminar
Preescolares

BRINCA Y CAMINA

Brinca y camina como un pájaro.

Algunos pájaros que viven en el suelo caminan como nosotros. Los pájaros que viven en los árboles brincan con las dos patas cuando están en el suelo.

Brinca como un pájaro de árbol, camina como un pájaro del suelo. Brinca y camina, brinca y camina.

¿Eres un pájaro de árbol o un pájaro del suelo?

CONVIERTETE EN UN PÁJARO.

Agita tus alas lo más rápido que puedas como un colibrí.

¿PUEDEN VOLAR LOS PÁJAROS AL REVÉS?

Los colibrís son los únicos pájaros que pueden volar al revés. Lo hacen cuando buscan néctar entre las flores. Se alimentan de insectos y néctar alrededor de 50 veces al día.

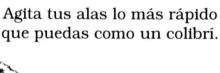

Desciende en picada y grazna como un pájaro arrendajo.

Mueve la cabeza como una
paloma caminando.

Picotea como un pájaro
carpintero hambriento
buscando insectos.

Levanta los brazos en una V
ancha y balancéate de un lado
a otro como un buitre.

Elévate alto en el viento como
un halcón.

Inclínate hacia adelante y corre
como un correcaminos.

Rasca la tierra con los pies
como un pájaro pinzón
cazando insectos.

DESCUBRIDORES DE PLUMAS

MATERIALES

Plumas, tres o más

EDADES

Niños de todas las
edades

COMIENZA UNA COLECCION DE PLUMAS

Busca plumas en los caminos.

Son fáciles de encontrar. Busca a lo largo
de la playa, o abajo de los árboles o cerca de
charcos y arroyos. ¡A veces puedes verlas
flotando en el aire!

Arregla tu colección.

*Nota que algunas son casi iguales y
otras se ven muy diferentes.*

¿Cuántos colores y diseños distintos puedes
encontrar entre tus plumas?
¿Hay algunas esponjaditas y otras duras y
suaves?
¿Te hacen cosquillas cuando las pasas por
el brazo o por debajo de la barbilla?

Trata de encontrar una pluma fina, corta
y esponjadita en tu colección.

Estas plumas se llaman plumas pelusa. La
pelusa se encuentra debajo de las plumas más
largas y fuertes del pájaro. Mantienen al
pájaro caliente y cómodo como una cobija.

Busca una pluma larga y rígida en tu
colección.

Frecuentemente, estas plumas forman parte
de las alas y sirven para volar.

Deslize los dedos por encima y por
debajo de una pluma de ala y observa
como la pluma se separa en una
dirección, y se cierra en otra.

Los pájaros pueden usar sus picos para
cerrar sus plumas. De esta manera las
plumas utilizan al viento para que el pájaro
vuele más alto.

Libera las plumas de tu colección.

Persíguelas, sóplalas, y júntalas otra
vez.

CONSTRUYENDO NIDOS

MATERIALES

Plastilina o engrudo

EDADES

Niños que empiezan a
caminar y mayores

IMITA A UN PÁJARO CONSTRUYENDO UN NIDO

Si algún día haz observado a un pájaro volando con una ramita o palito en su pico, haz visto a un pájaro que está construyendo su nido.

¿Puedes construir un nido con las cosas que encuentras a lo largo del camino?

Los pájaros hacen sus nidos de pequeñas ramitas y pastos secos que están en el suelo. ¡Ellos también usan hojas caídas, agujas de pinos, pedacitos de corteza, plumas, incluso piel de animales!

RECETA DE ENGRUDO BIODEGRADABLE

1 taza de harina
1/2 taza de sal
2 cucharitas de cremor tártaro
1 taza de agua
Unas cuantas gotas de colorante vegetal
1 cucharada de aceite para ensalada

Mezcla todos los ingredientes en un sartén. Ponlo sobre fuego lento hasta que se endurezca un poco. Revuelvelo de vez en cuando. Pon la masa en papel encerado y amasa hasta que se enfríe.

Para empezar tu nido, enrolla un pedazo de plastilina o engrudo en una bola más o menos de la medida de la palma de la mano.

Pon el dedo pulgar en el centro de la plastilina para darle forma de copa o nido.

Ahora, mientras caminas, busca cosas que creas que harían un nido cómodo para los pájaritos recién nacidos.

Presiona las cosas que encontraste dentro de tu nido de plastilina.

Puedes seguir añadiéndole cosas a tu nido hasta que sientas que está listo para que ahí viva un pájarito recién nacido.

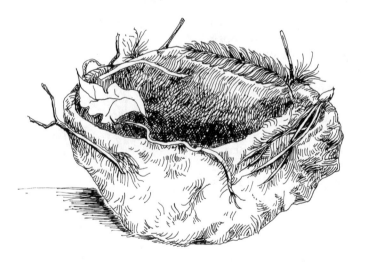

Pon tu nido en el jardín de tu casa.

Fíjate si un pájaro viene y decide usar alguna parte de tu nido para hacer su propio nido.

ABRIGOS DE AVES ACUÁTICAS

MATERIALES

Aceite mineral o
   vaselina
Botella con rociador
   llena de agua
Plumas

EDADES

Niños que empiezan a
   caminar
Preescolares

¿COMO FLOTAN LOS PÁJAROS?

Las aves acuáticas no pueden flotar sin aceite sobre sus plumas, por eso tienen glándulas especiales de aceite localizadas cerca de sus colas. Los pájaritos recién nacidos toman este aceite de las plumas de su madre cuando ella se sienta con ellos en el nido, hasta que sus propias glándulas de aceite empiezan a funcionar.

Las aves acuáticas, como los patos, pelícanos y gaviotas, usan sus picos para llenar sus plumas de aceite. Este aceite las mantiene secas y calientes. En lugar de empapar las plumas, el agua puede formar gotitas que resbalan fácilmente por los cuerpos de las aves.

DESCUBRE COMO LAS AVES ACUÁTICAS SE MANTIENEN CALIENTES Y SECAS

Frota aceite mineral o vaselina en tu mano o brazo.

Rocía con agua el área cubierta de aceite.

Observa como el agua forma gotitas que se resbalan sobre la piel.

Rocía agua en la mano o el brazo que no ha sido protegido con aceite.

Nota como el agua no se cae de la mano o del brazo tan fácilmente.

Rocía agua ligeramente sobre una pluma.

¿Qué sucede?

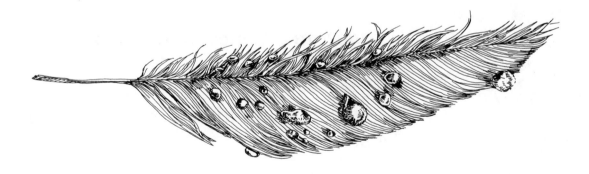

ALETEOS Y MARCHAS

EDADES

Niños que
empiezan a
caminar
Preescolares

ALETEA CON UNA MARIPOSA

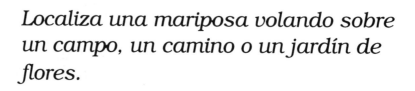

Localiza una mariposa volando sobre un campo, un camino o un jardín de flores.

Estira los brazos y trata de seguir a tu amiga aleteadora.

Aletea para arriba y para abajo como una montaña rusa.

Balancéate y brinca de un lugar a otro.

Zigzaguea de un lado a otro a lo largo del sendero.

Aterriza y descansa con los brazos-alas doblados por encima de la cabeza.

¡Descansa, y vuelve a volar!

HORMIGAS TRABAJADORAS

Las hormigas viven en colonias. La reina produce nuevas hormigas incluyendo trabajadoras con labores específicas. Algunas alimentan a la reina, algunas cuidan a las hormigas más pequeñas, mientras que otras defienden a la colonia contra sus enemigos. Las hormigas que tú imitaste están encargadas de encontrar comida.

MARCHA Y BAILA CON UN DESFILE DE HORMIGAS.

Acércate al tronco de un árbol.

Fíjate si puedes ver a un desfile de hormigas trabajadoras marchando de arriba a abajo por el tronco del árbol.

Mantén los ojos bien abiertos mientras andas a lo largo del camino.

Busca hormigas marchando en el suelo y fíjate lo que cargan.

¿PUEDES MARCHAR EN UNA FILA COMO LO HACEN LAS HORMIGAS?

MARIQUITA MAMBO

MATERIALES

Una mariquita

EDADES

Bebés y mayores

ENCUENTRA UNA MARIQUITA

Agarra cuidadosamente una mariquita de una hoja o de una flor.

Puedes encontrarlas con frecuencia masticando áfidos encima de un dulce hinojoso o en los pétalos de las rosas.

Permite que la mariquita baile y viaje alrededor de tu mano o por tu brazo.

¡Ten cuidado! Hay que tratar a las mariquitas muy suavamente.

HECHOS SOBRE LAS MARIQUITAS

Las mariquitas son unos de los escarabajos más conocidos. Su color brillante avisa a pájaros y reptiles que no son buenos para comer. Se considera buena suerte tener mariquitas en tu jardín porque ayudan a proteger a tu jardín contra los áfidos.

Nota que algunas mariquitas están pintadas de rojo o anaranjado mientras que otras tienen manchitas.

¿Cómo es la tuya?

Aplaude mientras la mariquita vuela y se va.

ADOPTA UNA COCHINILLA

MATERIALES

Cochinilla píldora o
cochinilla de tierra

EDADES

Bebés con ayuda
Niños que empiezan a
caminar y mayores

¿COCHINILLA PÍLDORA O COCHINILLO DE TIERRA?

Las cochinillas píldoras y cochinillas de tierra son miembros de la familia de los crustáceos. Son parientes de los cangrejos y las langostas. Puedes notar la diferencia entre las dos porque las cochinillas píldoras se enrollan en una bolita para protegerse y las cochinillas de tierra no. Las cochinillas de tierra son planas y pueden escapar rápidamente bajo rocas y hojas.

PIDE PRESTADO UNA COCHINILLA PILDORA O COCHINILLA DE TIERRA

Simplemente voltea una piedra o un pedazo de madera.

Las cochinillas siempre escogen lugares obscuros y húmedos para vivir.

Levanta a la cochinilla cuidadosamente.

Deja que explore tu mano.

Es una criatura dócil e inofensiva. Agárrala cuidadosamente y déjala caminar sobre tu brazo.

¡Disfruta la sensación de cosquilleo!

Regresa a tu amiguita a su casa.

¡Aún las cochinillas tienen amigos y familias! ¡Deja su casa como la encontraste!

CANTO PARA DESPERTAR A LA COCHINILLA

Si la cochinilla se enrolla en una bolita anímala para que se desenrolle cantándole suavemente:

Despierta, despierta Señora Cochinilla
Despierta, despierta Señora Cochinilla
Despierta, despierta Señora Cochinilla

También puedes tratar soplándole cuidadosamente hasta que se desenrolle.

EL ARTE DE LA TELARAÑA

MATERIALES

Botella para rociar
   llena de agua
Una telaraña

EDADES

Niños que empiezan a
   caminar
Preescolares

HIELITOS DE LAS TELARAÑAS

Encuentra una telaraña.

A las arañas les gustan las áreas con pasto,
arbustos y ramitas para hacer sus casas
brillantes.

*Rocíala un par de veces con un ligero
rocío de agua.*

¡Por favor ten cuidado de no empapar a la araña
en su telaraña!

Observa como brilla la telaraña en el sol.

Parece como si colgara hielitos de sus delicados
hilos.

AQUI HAY ALGUNOS TIPOS COMUNES DE TELARAÑAS

LAS TELARAÑAS ORBE tienen una forma circular y usualmente se encuentran entre palitos y ramitas.

LAS TELARAÑAS EMBUDO se encuentran frecuentemente en áreas de pasto y en arbustos. Puedes ver a la araña acechando a su presa en el hoyo en la base del embudo.

LAS TELARAÑAS CAPAS se forman con hilos extendidos en todas direcciones con una forma irregular. Se encuentran frecuentemente en los arbustos.

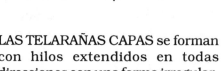

¡Dale una serenata a tu nuevo amigo!

Su hijo va a divertirse mucho cantando esta canción favorita.

"La arañita pequeñita
subió, subió, subió,

Vino la lluvia
y se la llevó,

Salió el sol
y todo se secó,

Y la arañita pequeña
subió, subió, subió."

SONIDOS DE GRILLOS

MATERIALES

Una venda de ojos
Niños y adultos
  (un adulto por cada niño)
Un líder adulto o más

(Esta actividad puede
funcionar con muchas o
pocas gentes)

EDADES

Niños que empiezan a
  caminar y mayores

¡CHIRP, CHIRP!
FINGE QUE ERES UN GRILLO

¿Alguna vez haz tratado de chirriar sin usar tu voz?
¡Bueno, los grillos sí pueden!
Los grillos no tienen voces, pero pueden frotar sus alas muy rápidamente y crear fuertes chirridos de sonidos altos.

Imaginen que ustedes son grillos en un gran campo de pasto alto y necesitan encontrarse uno al otro.

Los adultos pueden ser padres grillos, y los niños grillos pequeños.

Sin usar sus voces, piensen en una manera en la que puedan comunicarse entre sí.

¿Qué tal haciendo ruidos con la lengua, golpeando rocas o aplaudiendo?

Pónganse de acuerdo en un sonido que todos puedan hacer. Esta va a ser el llamado especial del grillo para ustedes.

Coloquenle la venda a los padres grillos y háganlos dar vueltas.

El líder se encargará de guiar a los grillos vendados a varios metros de distancia de los grillitos. Después, el líder señalará a los grillitos que empiecen a usar el sonido especial para llamar a los adultos.

Vean cuanto tiempo les toma a los padres grillos encontrar a sus grillitos guiandose solamente por el sonido.

¡El líder debe asegurarse de que los grillos vendados no se pierdan o se lastimen durante este tiempo!

¿TE GUSTARÍA SER UN GRILLO?

CUADROS DE CARACOL

MATERIALES

Varios caracoles
Cartulina de color
negro

EDADES

Bebés y niños que
empiezan a caminar
con ayuda

Preescolares y
mayores

DESCUBRE EL CAMINO PLATEADO DE UN CARACOL

¡Sigue el camino reluciente a través de las hojas de la hiedra, sobre pasto verde, sobre tramos de tierra, o incluso subiendo una pared!

HECHOS DE LOS CARACOLES

A los caracoles les gusta
escalar superficies. Si tus
caracoles no se mueven, trata
de inclinar el papel de lado.

Los caracoles son miembros
de la familia de los moluscos
al igual que las almejas, las
ostras, los mejillones y aún
los pulpos.

ENCUENTRA VARIOS CARACOLES Y PIDELES QUE TE ACOMPAÑEN POR UNOS MOMENTOS

Pónlos sobre un pedazo de cartulina de color negro, después observa las marcas que dejan en ella.

Tócalos suavamente mientras su arte toma forma.

Recoge tus caracoles del papel después de unos minutos, déjalos ir a casa.

Dirige el papel hacia el sol y disfruta el cuadro que los caracoles han creado con tu ayuda.

ENTRETENIMIENTO REPTIL

MATERIALES

Una bolsa de papel del
　mercado
Tijeras

Para improvisar una concha de tortuga: voltea una bolsa de papel al revés. Corta un agujero en el fondo lo suficientemente grande para que quepa la cabeza de un niño. Después corta los agujeros para los brazos en cada lado de la bolsa.

EDADES

Preescolares
(Los adultos construyen la concha y los niños el resto)

HECHOS SOBRE REPTILES

A diferencia de los mamíferos, los reptiles nacen de huevos y son de sangre fría. Los mamíferos tienen una temperatura constante. La temperatura de un reptil sube y baja dependiendo que tan caliente o frío se encuentre el ambiente.

¿Tortuga o tortuga de tierra? Algunas tortugas pueden vivir en el agua. Todas las tortugas de tierra viven en la tierra.

¿QUÉ ES UN REPTIL?

Imagínate que eres un animal sin piel ni cabello.

En lugar de piel o cabello, lo que tienes es un escudo de escamas.

Finge que tienes piernas cortas, o quizás no las tienes.

Conviértete en un reptil para que puedas resbalarte y arrastrarte.

PLIEGUE DE TORTUGA

Conviértete en una tortuga.

Haz una concha de una bolsa de papel y arrástrate lentamente de un lado.

Mete la cabeza y los brazos dentro de la bolsa.

Siente lo que es esconderte y dormir dentro de una concha.

¿No te sientes seguro?

DESLIZÁNDOSE COMO SERPIENTE

Saca y mete rapidamente tu lengua y silba como una serpiente.

Finge que vas a arrastrarte por la hierba sobre tu estómago.

Enróscate lo más pequeño que puedas. Ahora desenróllate y estirate lo más que puedas.

EJERCICIOS DE LAS LAGARTIJAS

Imagínate que eres una lagartija.

Espera sobre una piedra caliente hasta que pase un insecto sabroso.

¡Acuéstate bocabajo y haz lagartijas!

Empuja tus brazos y la mitad de tu cuerpo de arriba abajo, de arriba abajo.

¡Les estás avisando a otras lagartijas que ésta es tu piedra!

RASTROS DE ANIMALES

EDADES

Niños que empiezan a
caminar y mayores

Tomate un tiempito

Para buscar rastros de animalitos.

Si no los encuentras

Busca los rastros que dejan atrás.

Busca:

Huellas en el lodo o la tierra

Caminos estrechos serpenteando
a través de las lomitas y alrededor
de los arbustos por donde
caminan los animales.

¡Deshechos de animales como excrementos de conejos, coyotes y pájaros!

Pastos y puntas de hojas con mordiditas.

Montones de palitos coleccionados por animalitos.

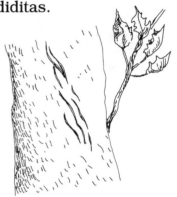

Rasguños en la corteza de los árboles hechos por animales que se trepan.

Plumas flotantes que se les caen a los pájaros.

Pedacitos de pasto aplastados por los animales que han dormido allí.

CASAS Y ESCONDITES DE ANIMALES

¿EN DONDE VIVEN LOS ANIMALES?

Mientras caminas y juegas afuera, mantén tus ojos bien abiertos para buscar las casas de los animales

Los animales tienen muchas variadades de casas. Tienen lugares especiales para jugar, lugares para comer, lugares para dormir, lugares para el baño y aún lugares para tener bebés.

Acuéstate cerca de la tierra.

Encontrarás animales escondidos arriba y abajo de ti e incluso a tus lados.

A muchos animales les gusta vivir en lugares oscuros y seguros para esconderse del sol ardiente o del viento frío. Estos lugares también los protegen de la lluvia o de otros animales que los asustan.

Busca cuevas, agujeros y grietas.

Todos estos lugares pueden ser casas de animales.

Mira debajo de una piedra o de un pedazo de madera que encuentres en el suelo.

Muchos insectos viven bajo las piedras y pedazos de madera, donde se mantienen protegidos y disfrutan de la tierra húmeda. Puedes encontrar tijeretas, hormigas, cochinillas, cienpiés y escarabajos.

¡Cuando mires detrás de la corteza floja de un árbol ten cuidado de no jalarla para que no se desprenda! Los animales y los nidos que están debajo no van a sobrevivir si les quitas su cubierta protectora.

Mira dentro de una flor o inspecciona una hoja.

A las mariquitas, saltamontes, polillas, mariposas, hormigas y áfidos les encanta esconderse en las plantas sabrosas y comérselas.

Busca otras casas de animales.

¡Algunos animales viven debajo del agua, otros incluso viven encima del agua!

Algunos, como los pájaros, castores y ratas de madera, construyen casas de hojas, ramas y palitos.

Otros, como las avispas, hacen sus casas de lodo.

Las arañas tejen sus casas con hilos plateados y pegajosos, hechos de un líquido que guardan dentro de sus cuerpos.

Las tortugas cargan sus casas, las conchas, en sus espaldas.

SI TU VIVIERAS EN EL SILVESTRE, ¿QUE CLASE DE CASA TENDRÍAS?

CONVIERTETE EN UN ARBOL

Conviértete en un roble, un nogal o un sicomoro
Sopla como una semilla en el viento
Plantate en la tierra
Hunde tus raíces profundamente en la tierra
Empuja tu tallito entre la tierra

Brota tus ramitas
Extiende tus ramas...
Escucha a los pájaros cantando en tus ramas
Siente a una ardilla subiendo tu tronco
Agita tus hojas en el viento
Huele el fresco olor de tus flores
Estalla en una fruta

Abre los brazos para recibir la luz del sol del verano
Suelta tus hojas para recibir el otoño
Siente las cosquillas de la lluvia de invierno
Empieza a crecer otra vez, ES PRIMAVERA

UN ARBOL ES COMO YO

MATERIALES

Un árbol
La melodía de
"Twinkle Twinkle
Little Star"
(Estrellita Brillarás)

EDADES

Niños que empiezan a
caminar y mayores

LASTIMANDO ÁRBOLES

A veces gente que no entiende a un árbol graba palabras y dibujos en su corteza. Estas acciones lastiman al árbol y abre heridas para que bichos y gérmenes puedan entrar al árbol. Si tu árbol ha sido lastimado, puede ser que necesite un abrazo.

¿HAZ NOTADO ALGUNA VEZ QUE TANTO SE PARECE EL CUERPO DE UN ARBOL AL TUYO?

Párate debajo de un árbol y recoge una de sus hojas caídas.

Al mismo tiempo, pon la mano y la hoja frente a ti.

¿Puedes ver como la hoja tiene dedos como tú? Una hoja también tiene venas como tus manos. (Si no puedes encontrar venas en las manos, encuéntralas en las manos de papá o mamá.)

Canta: ¡Mi amigo árbol, mi amigo árbol, las hojas en ti son como las manos en mi! (Los versos de la canción pueden repetirse.)

Recorre la mano sobre el tronco del árbol hacia arriba y hacia abajo. Siente la corteza.

La corteza protege el interior del árbol y mantiene adentro la comida y el agua del árbol.

Toca tu brazo de arriba a abajo y siente tu piel.

¡También tu piel protege a tu interior!

Canta: ¡Mi amigo árbol, mi amigo árbol, la corteza en ti es como la piel en mi.

Pon tus brazos sobre tu cabeza y mira al árbol.

¿A qué parte del árbol se parecen tus brazos?

Canta: ¡Mi amigo árbol, mi amigo árbol, las ramas en ti son como los brazos en mi!

Extiende tus brazos hacia los lados con los pies juntos y párete bien firme.

¿Qué te sostiene? Las piernas, ¡claro! Como las piernas, un tronco es lo que sostiene a un árbol.

Canta: ¡Mi amigo árbol, mi amigo árbol, el tronco en ti es como las piernas en mi!

Mira a tus pies. Los pies apoyan a las piernas y te sostienen para que no te caigas.

Las raíces del árbol crecen muy abajo en la tierra. Las raíces le dan al árbol la fuerza que necesita para sostenerse.

Canta: ¡Mi amigo árbol, mi amigo árbol, las raíces en ti son como los pies en mi!

¿ERES TAN GRANDE COMO UN ARBOL?

MATERIALES

Un árbol grande
Una plántula
Una cinta métrica

EDADES

Niños que empiezan a
    caminar
Preescolares

MIDE UN ARBOL DE DIFERENTES MANERAS

Usando una cinta métrica mide el tronco de un árbol para ver que tan grueso está.

Si tienes amigos contigo agarrense de las manos y ve cuantos de ustedes se necesita para rodear un árbol.

¿Qué tan grandes son las hojas del árbol?

¿Son más grandes que tus manos?

¿Es la corteza del árbol gruesa o delgada?

¿Es más gruesa que tu piel?

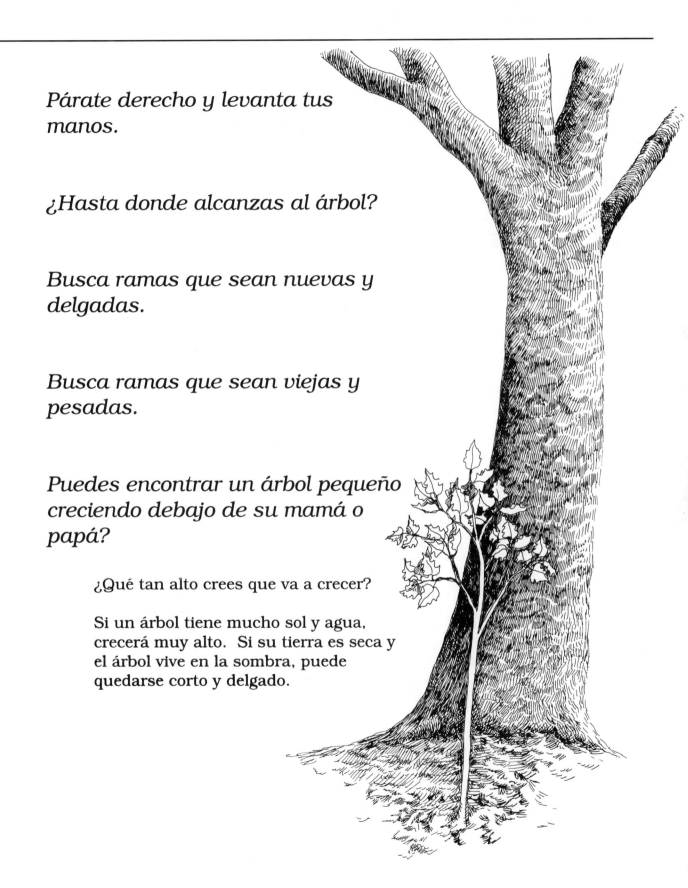

Párate derecho y levanta tus manos.

¿Hasta donde alcanzas al árbol?

Busca ramas que sean nuevas y delgadas.

Busca ramas que sean viejas y pesadas.

Puedes encontrar un árbol pequeño creciendo debajo de su mamá o papá?

¿Qué tan alto crees que va a crecer?

Si un árbol tiene mucho sol y agua, crecerá muy alto. Si su tierra es seca y el árbol vive en la sombra, puede quedarse corto y delgado.

LOS SECRETOS DEL ARBOL

MATERIALES

Un árbol
Lupas
Gemelos, real o ...

Pega dos tubos de rollo de papel juntos con cinta adhesiva, perfora un agujero en cada lado y amarra un listón para hacer una correa.

Estetoscopio

EDADES

Niños que empiezan a caminar
Preescolares

ENCUENTRA UN ÁRBOL ESPECIAL Y FINGE QUE ERES UN DETECTIVE

Investiga que clase de pájaros, animales e insectos viven o visitan a tu árbol.

Mira la tierra debajo del árbol.

Nueces y bellotas son pistas de que has descubierto la alacena de una ardilla.

Revisa el tronco del árbol.

¿Hay algunos agujeros? Los pájaros picotean la corteza buscando insectos y huevos de insectos. A las hormigas les gusta hacer túneles en la corteza. Los escarabajos bebés (larvas) escarban caminos que parecen autopistas de encaje a través del tronco. Los baños de los bichos están llenos de excremento (popo).

Usa una lupa y busca insectos.

A las polillas, los escarabajos, las hormigas y las arañas les gusta hacer sus nidos en la corteza.

Busca arañazos sobre el tronco.

Los arañazos indican que un animal ha subido al
árbol. Los ratones, ardillas, mapaches, zorras,
lagartijas, y ranas de árbol suben a los árboles
en busca de comida. Un árbol es un restaurante
para animales. El menú incluye semillas, fruta,
moras, huevos, nueces, bellotas e insectos.

Escucha los sonidos que vienen del árbol.

Puedes escuchar zumbar a las abejas, chasquear
a los escarabajos, gruñir a las ardillas, trinar y
gorjear a los pájaros y croar a las ranas.

Escucha con un estetoscopio como corre el agua dentro del árbol.

Acuéstate en el suelo y mira tu árbol hacia arriba.

Usa unos gemelos para encontrar nidos de
pájaros, colmenas de abejas y telarañas. Las
hojas mordisqueadas son el indicio de que
insectos están alimentándose.

¿Cuántos bichos haz encontrado en tu árbol?

CONOCE A UN ARBOL SICOMORO

MATERIALES

Un árbol sicomoro

EDADES

Bebés y mayores

¡SALUDA A UN ÁRBOL SICOMORO!

Extiende los brazos alrededor de tu tronco y siente su corteza fría y rugosa.

Pon las hojas del sicomoro sobre tu mejilla, tus brazos y tus piernas.

Son suaves, empelusadas y tienen la forma de una mano. ¡En el otoño, las hojas cambian de color y es divertido hacerlas crujir o amontonarlas y brincar en ellas!

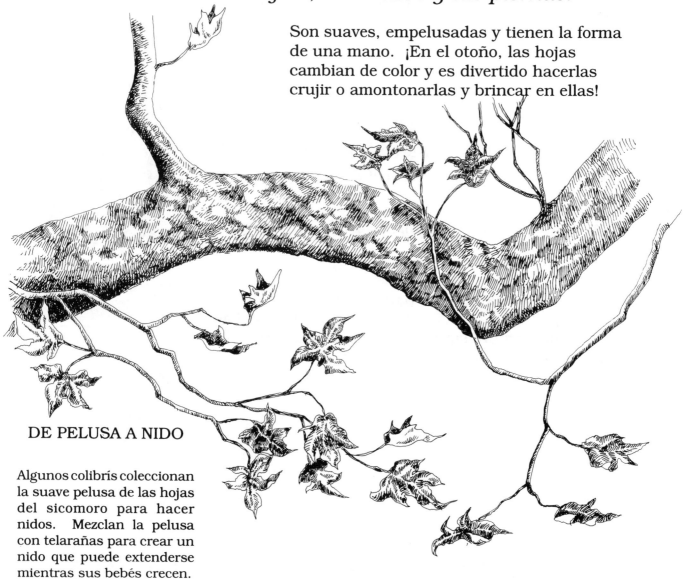

DE PELUSA A NIDO

Algunos colibrís coleccionan la suave pelusa de las hojas del sicomoro para hacer nidos. Mezclan la pelusa con telarañas para crear un nido que puede extenderse mientras sus bebés crecen.

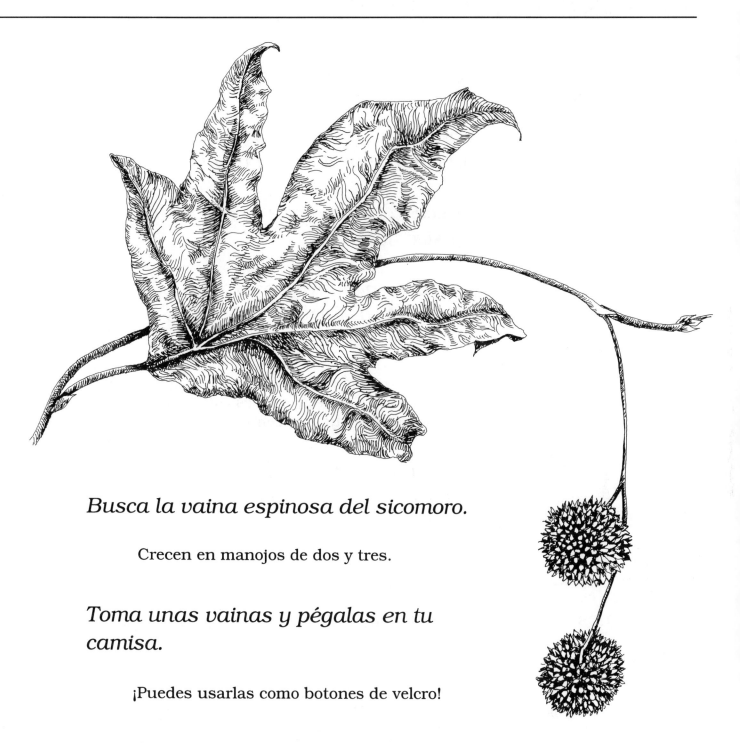

Busca la vaina espinosa del sicomoro.

Crecen en manojos de dos y tres.

Toma unas vainas y pégalas en tu camisa.

¡Puedes usarlas como botones de velcro!

¿En donde más puedes pegarte las vainas?

MÁSCARAS MÁGICAS

MATERIALES

Corteza de un árbol sicomoro

EDADES

Bebés y mayores

CONSEJO PARA LOS PADRES

Un simple juego de esconderse atrás de un pedazo de corteza puede entretener a bebés y niños pequeños que son muy chicos para hacer máscaras. Los padres pueden esconderse detrás de un pedazo de corteza y después quitarse la máscara. Si su bebé parece divertirse, pueden ayudarle a esconderse también.

MASCARAS DE CORTEZA

Convierte un pedazo de corteza de un árbol en una máscara mágica.

Busca la corteza que se ha caído de un sicomoro.

¿Puedes encontrar corteza de diferentes medidas y formas mientras corres alrededor del árbol?

¡Ve como la corteza caída de un sicomoro es delgada y suave y a veces está llena de agujeritos que parecen un queso suizo!

Acerca un pedazo de corteza a tu cara y mira a través de los agujeros.

¡Acabas de crear una máscara sicomora!

¿A qué crees que te pareces?

¿Un búho? ¿Una lagartija? ¿Un duende?

Mientras estás debajo de ese árbol, imaginate todas las máscaras que tienes a tus pies.

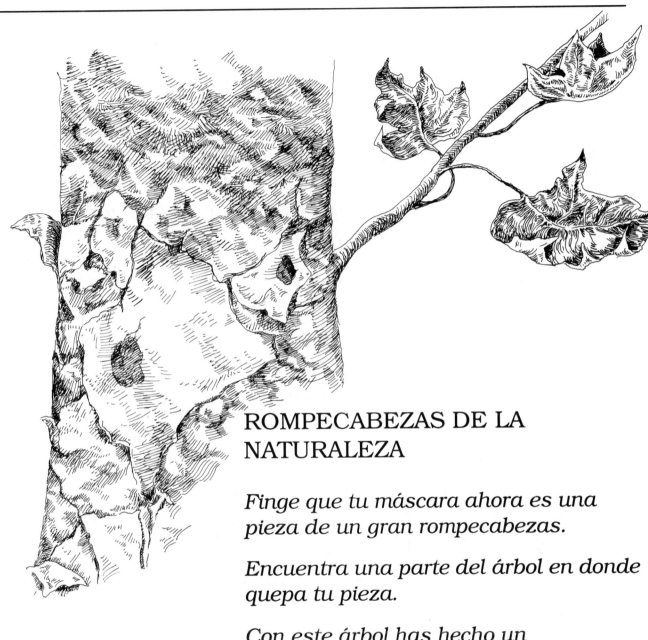

ROMPECABEZAS DE LA NATURALEZA

Finge que tu máscara ahora es una pieza de un gran rompecabezas.

Encuentra una parte del árbol en donde quepa tu pieza.

Con este árbol has hecho un rompecabezas gigante de la naturaleza.

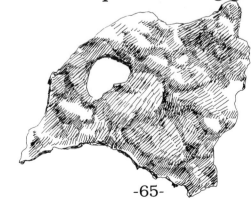

CONOCE UNA HOJA

MATERIALES

Crayolas
Bolsas de papel
Hojas

EDADES

Niños que empiezan a
    caminar
Preescolares

EMPAREJANDO HOJAS

Colecciona una variedad de hojas, dos de cada tipo, en una bolsa de papel.

Ve muy bien cada hoja que has encontrado.

Ayuda a tu niño a describirla. ¿De qué árbol vino? ¿Es larga o corta? ¿Es angosta o ancha? ¿Es suave o peluda? ¿De qué color es? ¿Tiene la forma de tu mano?

Encuentren juntos la pareja de cada hoja en la colección.

REGRESA TODO

Los insectos y los animales usan hojas y corteza como la comida y refugio. Utilizan las plantas muertas como nutrientes para promover el nuevo crecimiento. Es importante regresar todo lo que recojas para que pueda volver a usarse.

Haz la impresión de una hoja con crayolas.

Coloca una hoja entre dos piezas de papel y dibuja con una crayola encima del papel. ¡Tendrás un recuerdo bonito de tus hojas favoritas!

Regresa las hojas a sus casas.

Ayude a su hijo a poner las hojas en el lugar donde las encontraron. ¡Se sorprenderá de la memoria de su hijo!

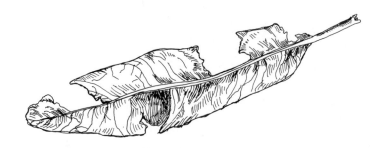

BELLOTAS BELLOTAS BELLOTAS

MATERIALES

Bellotas

EDADES

Niños que empiezan a
    caminar
Preescolares

CONSEJO DE SEGURIDAD

Cuando vean las casas de
los animales, tengan cuidado
de no meter las manos o los
dedos dentro de los agujeros.

¿QUIÉN MÁS USÓ BELLOTAS?

Las bellotas eran una comida
importante y la favorita para
casi todos los indígenas
norteamericanos. Las
bellotas se molían y se
remojaban hasta que sabían
dulce. La carne de la bellota
se secaba y se molía para
hacer una masa alta en
proteína para hacer pan.
Hay que remojar las bellotas
muchas veces para eliminar
los taninos tóxicos.

AYUDA A LAS ARDILLAS Y A LOS PÁJAROS A JUNTAR COMIDA PARA EL INVIERNO

Colecciona bellotas buscando bajo los robles o registrando a través de montones de hojas de roble.

Busca por los agujeros en la tierra o en los árboles y troncos.

Estos agujeros son casas de ardillas, pájaros y otros animales a los que les encanta comer bellotas.

Coloca montones de bellotas junto a estas casas para que los animales las encuentren fácilmente.

Tus amigos animales guardarán estas bellotas y se las comerán durante el invierno cuando las moras y otros alimentos son difíciles de encontrar.

68

Busca sombreros de bellotas.

¿Puedes encontrar bellotas que han perdido sus sombreros?

Las bellotas tienen una gorra en el tallo que parece un sombrero.

A veces las gorras se caen y se pueden encontrar dispersas en el suelo.

Ve cuantos sombreros puedes poner sobre las bellotas.

¡Intenta poner un sombrero de bellota en tu cabeza!

Planta una bellota.

La bellota es la semilla del roble. Si tú cubres tu bellota con tierra puede crecer hasta llegar a ser un hermoso roble.

JUEGOS EN EL PASTO

MATERIALES

Pastos que se mecen
altos y suaves,
se encuentran
comúnmente a lo
largo de los senderos
Hojas de pasto verde
cortas y delgadas.

EDADES

Bebés y mayores para
pasto cosquilleante
Preescolares y
mayores para pasto
silbante.

CONSEJO PARA LOS PADRES

Si su hijo es demasiado pequeño para hacerse cosquillas a sí mismo, usted puede hacerle cosquillas con el pasto.

No deje de intentarlo si la actividad del pasto silbante es muy difícil para su hijo. ¡Usted puede probar su suerte también! Si su hijo es muy pequeño para sostener el pasto y soplar, le va a encantar escuchar el silbido que usted haga.

DETENTE PARA JUGAR CON PASTOS A LO LARGO DEL SENDERO

PASTOS SILBANTES

Arranca una hoja de pasto verde y ponla entre tus pulgares.

Respira profundo y sopla entre tus pulgares para hacer un ruido silbante.

PASTO COSQUILLEANTE

Dobla un tallo alto de pasto hacia tu cara. Deja que las puntas plumosas del pasto te hagan cosquillas en la cara, en tus mejillas y en tus rodillas.

Hazle cosquillas a un amigo.

DE UNA FLOR NACE LA ESPUMA

MATERIALES

Rociador lleno de agua
Flores Ceanothus
   (Lila de California)

EDADES

Bebés y mayores

El Ceanothus florece de febrero a mayo. Las flores varían en su color de blanco a lila. Tienen una fragancia delicada por la cual se llaman Lila de California.

FLORES HACEN JABON

Toma un racimo de flores de un arbusto de ceanothus.

Ponlo en la mano y rócialo con agua.

Frótate las manos.

Pronto vas a notar una sensación jabonosa. ¡Mira! Acabas de hacer espuma con un olor dulce como los indígenas lo hicieron hace mucho tiempo.

¡Disfruta la espuma!

AMIGOS CON SED

En lugar de arrancar las flores, dales agua en camino a tu casa.

Usa el rociador de agua para saludar a las plantas y a los árboles.

Nuestras amigas las plantas, también necesitan agua.

Por supuesto, las plantas normalmente obtienen su agua de la lluvia, del rocío de la mañana y de los arroyos. Ellas guardan el agua adentro de sus troncos, tallos, raíces y hojas.

Las plantas te agradecen por ser tan generoso.

Es maravilloso compartir el agua con nuestros amigos que tienen sed.

GRANJEROS DE LOS CAMINITOS

MATERIALES

Semillas

EDADES

Niños que empiezan a
    caminar
Preescolares

AYUDA A UNA SEMILLA A PLANTARSE A SI MISMA

Encuentra un diente de león y dale un soplido.

Observa sus semillas peludas flotando en el aire.

Los dientes de león pueden ser arrastrados lejos de casa con la ayuda del viento o de un animal amigo al pasar. Así es como los dientes de león se replantan a sí mismos.

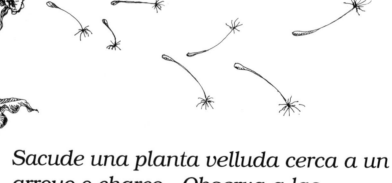

Sacude una planta velluda cerca a un arroyo o charco. Observa a las semillas flotando hacia sus nuevas casas.

HECHO PARA VIAJAR

Las semillas necesitan viajar lejos de sus plantas padres para que no se amontonen. Ellas necesitan del viento y de los animales para ayudarlas a moverse. Las ardillas y los pájaros carpinteros son animales granjeros famosos porque a ellos les encanta esconder semillas enterrándolas o guardándolas para la comida del invierno.

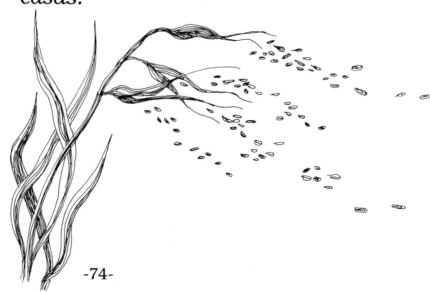

BUSCA SEMILLAS QUE PIDEN UN VIAJE

Revisa tu ropa, especialmente agujetas y calcetines, y busca semillas que te han brincado encima para obtener un viaje gratis.

Algunas semillas viajan enganchándose en la piel de animales y los calcetines de pequeños caminantes. Ellas se sueltan y se mezclan con la tierra cuando el animal se acuesta para descansar o cuando regresa a su casa.

Agarra una semilla velluda y conéctala a tu camisa.

¿Puedes darle un viaje a una casa nueva?

ENCUENTRA UNA VAINA

Haz un agujero en la tierra.

Suelta tu semilla en el agujero y cúbrela con tierra.

¡YA ERES UN GRANJERO DEL SENDERO!

CHARCOS DE MAR EN CUBETAS

MATERIALES

Agua salada, piedras, algas marinas, conchas, arena, pescados de juguete y un recipiente de plástico transparente.

EDADES

Niños que empiezan a caminar
Preescolares

CHARQUITOS DE MAR

Llena un recipiente de plástico transparente con agua salada y suelta varios pescados de juguete.

Finge que tus pescados flotantes son de verdad, y decide qué puedes agregarle al recipiente para ayudarlos a sobrevivir.

Colecciona algas marinas, piedras, conchas, y arena para los pescados y pon las cositas en el recipiente.

Toca y juega con los objetos en el charco del mar que ya formaste.

Cuenta en dónde se están escondiendo tus pescados y que están comiendo.

Imagina que tu recipiente es una laguna para pescaditos.

FRAGILES CHARCOS DEL MAR

Los animales que viven en los charcos del mar son muy frágiles y pocos en número. Hay que tener mucho cuidado cuando visitemos sus casas, los charcos del mar. ¡Por favor asegúrate de no usar ningún animal vivo que vive en los charcos de mar en tu recipiente!

Tú puedes cantar esta canción

con la melodía de
"Si eres felíz y lo sabes"
(If you're happy and you know it)

Soy un pescadito en el laguito.

Soy un pescadito en el laguito.

Mientras pasan los pelícanos,

Me escondo en el pastito.

Soy un pescadito en el laguito.

PEQUENOS RESCATADORES DE LA PLAYA

MATERIALES

Bolsas de papel
Ojos agudos

EDADES

Niños que empiezan a
  caminar
Preescolares

AYUDA A LOS PAJAROS Y OTROS ANIMALES DE LA PLAYA A LIMPIAR SUS CASAS

Con una bolsa de papel en la mano, recoge toda la basura que ensucia tu camino. (Cuidado si andas descalzo).

Mantén los ojos bien abiertos por si encentras hule espuma (styrofoams), plásticos, metales y vidrios. Estos son especialmente peligrosos para nuestros amigos de la playa.

Converse sobre los peligros de la basura en la arena y en el agua.

Los vidrios y metales cortan; los plásticos y los sedales enredan patitas y alas frágiles; styrofoam y bolsas de plástico, si se tragan accidentalmente, causan dolores de estómago o enfermedades serias - aún estrangulación.

Escucha y canta con las aves marinas mientras que ellas te agradecen por mantener su hogar a salvo y limpio.

Canción de la limpieza

Recogiendo basura y poniéndola en una bolsa
Recogiendo basura y poniéndola en una bolsa
Recogiendo basura y poniéndola en una bolsa
El tirarla hará que las playas* sean seguras y limpias

*las montañas
*los cañones

Esta cancioncita/canto puede ser usado dondequiera que estés caminando.

DIVERSION EN LA PLAYA

MATERIALES

Algas marinas

EDADES

Niños que empiezan a
caminar
Preescolares

DISFRACES MARINOS

Vistete con una larga pieza de alga marina.

Amárrala alrededor de tu cintura como una falda hawaiana o ponla sobre tus hombros como una guirnalda hawaiana de flores.

Inventa un baile marino que vaya de acuerdo con tu nuevo traje.

CONVIERTETE EN UN PÁJARO DE LA PLAYA

Da vueltas en círculo y sumérgete como una gaviota.

Corre de allá para acá como un chorlito blanco.

Párate en una pierna como un pájaro andarrios.

Muévete de un lado al otro como un pato.

¿Puedes imitar a otros pájaros?

HUELLAS DE PLAYA

Busca pisadas y huellas en la arena.

Sigue las huellas y ve si puedes descubrir quién o qué las ha hecho.

¿Pertenecen a un pájaro, a un perro, a un cangrejo de arena o a una persona?

Pon tu propia huella junto a otra.

¿Cuál huella es más grande?

CASTILLOS EN LA ARENA

MATERIALES

Arena

EDADES

Niños que empiezan a
    caminar
Preescolares

*Camina a lo largo de la playa y
colecciona piedras interesantes,
conchas, plumas, algas marinas y
hierbas marinas en una cubeta.*

*Construye un gran castillo de arena
que parezca una montaña.*

*Decora tu castillo con todas las cosas
que encontraste a lo largo de la playa.*

Disfruta tu nuevo reino...

Lo puedes dejar atrás sabiendo que los pájaros y cangrejos de la arena van a jugar en él también.

Cuando empieces a quedarte dormido en la noche, piensa como las olas están desgastando tu castillo y dispersando tus decoraciones a lo largo de la playa para que otra gente las pueda descubrir y disfrutar mañana.

PALADA DE CHARCO

MATERIALES

Un charco o arroyo
Una red acuática con
    una agarradera larga
Bolsas de plástico

EDADES

Niños que
    empiezan a
    caminar
Preescolares

¡PRECAUCIÓN!

Los escarabajos acuáticos tienden a morder si los agarran. ¡Es mejor tener cuidado y observarlos a través de una bolsa de plástico en lugar de tenerlos en la mano!

Las orillas de los arroyos y de los charcos son lodosas y resbalosas. Los adultos necesitan agarrar a los niños cuando están cerca al agua.

LOS ARROYOS Y LOS CHARCOS PUEDEN OFRECER UN DESFILE EMOCIONANTE DE BICHOS Y ANIMALES

¡El chiste es encontrar amigos acuáticos sin caerse adentro!

Usa una red acuática con una agarradera larga para sacar nadadores de espaldas, libélulas y ninfas damiselas, renacuajos o hasta un escarabajo acuático de rapiña.

¡Si eres bien rápido, quizás atrapes una rana!

Pon tus amigos recién atrapados en una bolsa de plástico llena de agua del charco.

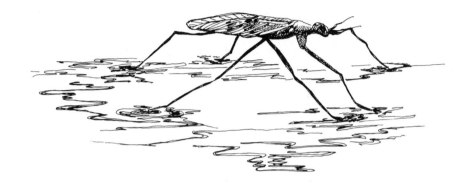

Observa como nadan.   ¿Se quedan debajo o encima del agua?   ¿Tienen aletas, patas o colas?

Quizás moviste una piedra o tronco en el proceso de encontrar un compañero acuático. Recuerda, esta piedra o tronco es una casa para muchos animales y necesita quedarse justo como fue encontrada.

Regresa cuidadosamente a los amigos acuáticos a sus casas cuando tu visita haya terminado.

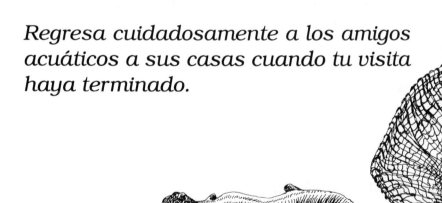

DE MONTAÑAS A ARENA

Esta canción o canto es especialmente divertida para cantar cuando estés cerca a las montañas, caminando a lo largo de un arroyo o caminando a lo largo de la playa.

Las montañas son arrastradas
Las montañas se hacen viejas
Las montañas son arrastradas
Para convertirse en rocas gigantes

Las rocas gigantes son arrastradas
Las rocas gigantes son golpeadas
Las rocas gigantes ruedan por el cerro
Para convertirse en piedras

Las piedras son revueltas
¿No es increíble?
Las piedras son arrastradas al arroyo
Para convertirse en piedritas

Las piedritas se hacen más chicas
Es difícil de entender
Conforme el tiempo pasa por mis piedritas
¡Finalmente se convierten en arena!

MONTAÑAS

Mira hacia una montaña o cerro
y conviértete en la montaña
alzando tus brazos por encima
de tu cabeza.

ROCAS GIGANTES

Conviértete en una roca gigante
haciendo un círculo con tus
brazos frente a ti. Gira en
círculos como si estuvieras
rodando por un cerro.

PIEDRAS

Abrázate a ti mismo y muévete
como si fueras una piedra
rodando en un arroyo.

ARENA

Agarra un montón de arena y
déjala caer entre tus dedos.

CONSTRUYE UN VOLCAN

MATERIALES

2 cucharadas de
   bicarbonato de sodio
2 cucharadas de jabón
transparente para
   lavar trastes pintado
   de anaranjado con
   colorante artificial
1/4 taza de vinagre
   blanco
Tierra
Un frasco pequeño o
   recipiente

EDADES

Ayuda de adultos
   requerida

Todas edades pueden
   observar a los
   adultos

¿QUÉ ES UN VOLCÁN?

Los volcanes se forman
cuando la roca abajo de la
tierra se calienta tanto que
se derrite. La roca derretida,
llamada lava, encuentra un
lugar débil o una apertura
en la corteza de la tierra y
escapa. La roca derretida
sale por la apertura débil y
continúa aumentando hasta
que se forma una montaña
entera. Hay gases atrapados
dentro de la roca. y con el
tiempo explota - causando
una erupción volcánica.

OBSERVA A UN VOLCÁN

*Construye una montaña de tierra
alrededor de un frasquito o un
recipiente.*

Para un efecto más dramático, el recipiente
debe de ser más grande alrededor del fondo
que alrededor de la parte arriba.

La apertura del frasco debe formar un
agujero o cráter en medio de tu montaña

*Echa el bicarbonato de sodio y
después la mezcla de jabón para
lavar trastes adentro del cráter.*

Dele a su niña el vinagre y déjala que lo vacíe en el cráter para empezar "la erupción".

Retírense y observen a bullir su volcán mientras que la lava imaginaria fluye y baja por los lados de tu montaña.

SEPARA UNA PIEDRA

MATERIALES

Cartones de huevo
   vacíos matizados con
   color
· Rociador lleno de agua
Piedras

EDADES

Niños que empiezan a
   caminar
Preescolares

Si el niño es muy pequeño
para emparejar los colores,
se va a divertir poniendo
piedras en el cartón y
volviendo a tirarlas.

DESCUBRE LA GRAN VARIEDAD COLORES EN LAS PIEDRAS

Empieza coloreando los fondos de las copas de los cartones de huevo con diferentes matices de verde, café, negro, blanco, gris, rojo y morado.

Recoge una variedad de piedras de un camino o de tu propio jardín.

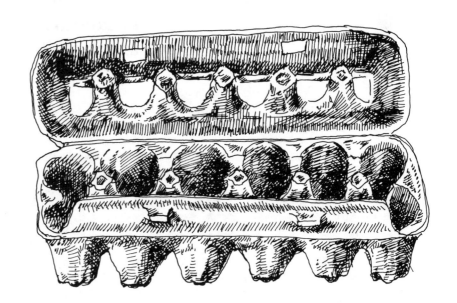

¿POR QUÉ TIENEN COLORES LAS PIEDRAS?

Las piedras están formadas
de minerales. Si ves rojos y
anaranjados puede haber
hierro en tu piedra. Los
verdes pueden significar que
serpentina o jaspe verde
están presentes en tu piedra.
Pedacitos de vidrios blancos
y claros, gris, rosa y amarillo
a menudo son cuarzo. Los
rosas sólidos, duraznos y
rojos a menudo son
feldespato.

Rocía piedras con agua para que sus colores brillen.

Toma una piedra a la vez y ve si su color se parece a uno de los colores en tu cartón de huevos.

Pon tu piedra en la copa de cartón que más se parece al color.

No olvides dejar tus piedras cuando el juego de emparejar se haya terminado.

PIEDRAS MUSICALES

MATERIALES

Un recipiente vacío
   con tapadera
Piedras

EDADES

Niños que empiezan a
   caminar
Preescolares

CONCIERTO DE PIEDRAS

Llena un recipiente vacío que no se quiebre con unas piedras curiosas. Tapa el recipiente con una tapadera apretada. Haz creado un tambor de piedras.

Relájate y escucha mientras sacudes y tocas tu nuevo instrumento.

Cuando se termine el concierto y sea tiempo de seguir, vacía el recipiente de las piedras para que el siguiente senderista las disfrute.

EL TONO DE LA PIEDRA

Mientras más calor y presión haya tenido una piedra durante su formación, más dura será y más agudo será el sonido que hace al golpear contra otra piedra.

PIEDRAS RITMICAS

Encuentra dos piedras, una para cada mano. Dales unos golpecitos para escuchar los sonidos que hacen. ¿Es un tintineo agudo o un ruido sordo? ¡Canta lo siguiente con el sonido de tu piedra!

Tintín, agudo
Tintín, sssh
Tintinea las piedras a los lados
Tintín, agudo
Tintín, sssh
Tintinea las piedras, y pónlas en tus zapatos.

TRANSPARENCIAS DE ARENA

MATERIALES

Arena
Tarjetas de 3x5
Cinta adhesiva
transparente
Lupa
Tijeras o perforador de
agujeros

EDADES

Niños que empiezan a
caminar
Preescolares
(Los adultos construyen la
transparencia y los
niños hacen lo
demás.)

CREA UNA TRANSPARENCIA PARA ESCUDRIÑAR ARENA

Perfora o corta unos agujeritos en una tarjeta de 3x5.

Cubre la parte de abajo de cada agujero con cinta adhesiva transparente.

Pon tu "transparencia" en la arena del lado pegajoso, para recoger varios parches de arena.

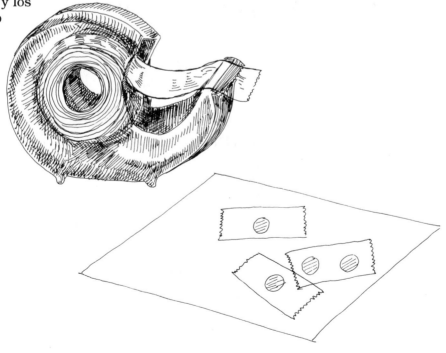

El crédito para esta idea es para nuestra amiga y recurso, Jean Dillingham.

Toma una lupa y acércala a tu transparencia, observa la arena hacerse más grande.

Nota que la arena está hecha de millones de granos de arena que son pedacitos chiquitos de piedra. A veces, pedacitos de concha de animales marinos están revueltos con los granos de arena.

¿Cuántos colores y formas puedes encontrar en los granos de arena?

Cierra tus ojos e imagínate cada grano de arena formando parte de una roca gigante o una montaña en otros tiempos.

YO Y MI SOMBRA

MATERIALES

Un día soleado

EDADES

Niños que empiezan
   a caminar
Preescolares

ESPERA UN DÍA SOLEADO

Baila y encuentra tu sombra.

¿Es grande, pequeña, o apenas se ve?

Juega a imitar al líder con tu sombra.

Corre, brinca, camina de puntitas, siéntate,
camina, y voltéate.

¿Puedes jugar a las escondidas con tu
sombra, o te sigue demasiado cerca?

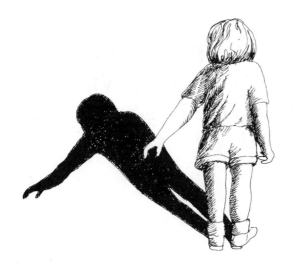

Ve que tan grande y fuerte puedes hacer que se vea tu sombra.

Un amigo puede trazar esa sombra gigante en la tierra con el dedo.

Salta hacia un lugar sombrío abajo de un árbol y disfruta la frescura.

¡Ahora estás parándote en la sombra del árbol!

¿Te siguió tu sombra a la sombra del árbol o se desapareció?

Regresa al sol y encuentra algo que tu sombra pueda proteger del calor.

A las flores y bichos les gusta la sombra también.

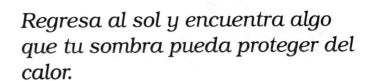

DIAS DE LLUVIA

MATERIALES

Un día lluvioso

EDADES

Bebés y mayores

ES DIVERTIDO ESTAR AL AIRE LIBRE DURANTE UNA LLOVIZNA O VARIAS HORAS DESPUÉS DE UNA FUERTE LLUVIA.

Ponte unas botas de hule para que puedas brincar en los charcos.

Sal afuera al aire fresco y limpio.

Respira profundo.

¿Qué hueles? ¿La tierra huele dulce y húmeda? ¿A qué huelen las rocas, los árboles y las flores?

Abre tus ojos y ve el color que te rodea. Mira lo verde que están las plantas y lo café que está la tierra.

¡Todo a tu alrededor acaba de bañarse y está super limpio!

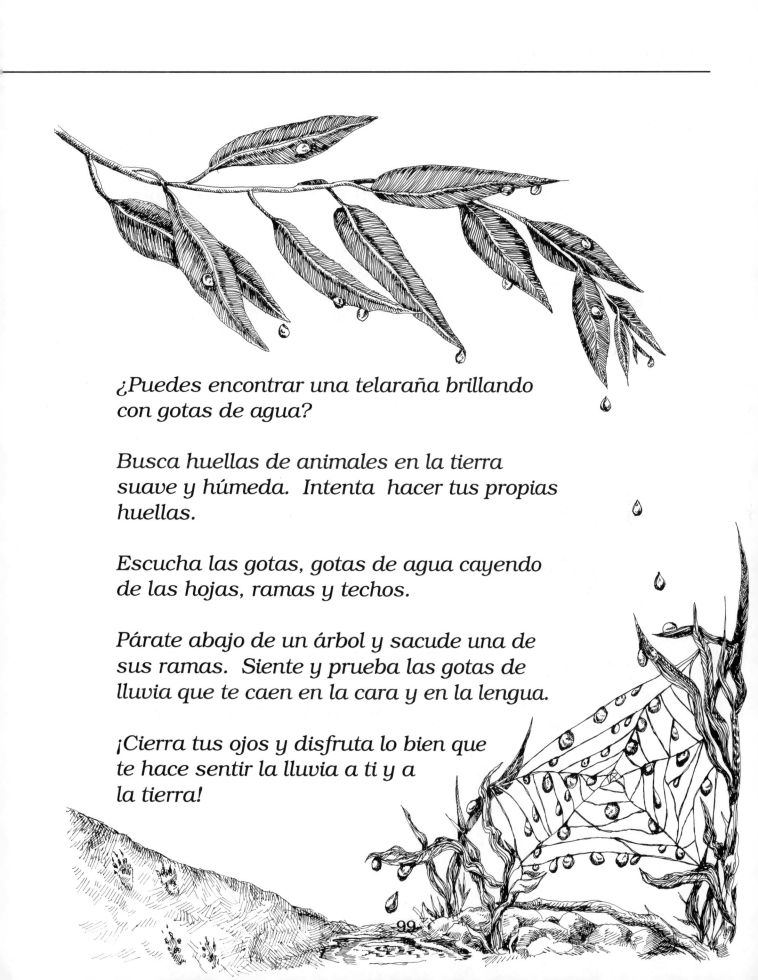

¿Puedes encontrar una telaraña brillando con gotas de agua?

Busca huellas de animales en la tierra suave y húmeda. Intenta hacer tus propias huellas.

Escucha las gotas, gotas de agua cayendo de las hojas, ramas y techos.

Párate abajo de un árbol y sacude una de sus ramas. Siente y prueba las gotas de lluvia que te caen en la cara y en la lengua.

¡Cierra tus ojos y disfruta lo bien que te hace sentir la lluvia a ti y a la tierra!

DIAS DE VIENTO

MATERIALES

Un día con viento
Un diente de león, una
hoja o un tallo de
pasto

EDADES

Niños que empiezan a
caminar
Preescolares

ESPERA UN DÍA CON VIENTO

Siente al viento mover y tocar tu pelo y tu piel.

¿Se siente el viento tibio o frio?

¿Es una ráfaga fuerte o una brisa suave?

Escucha al viento silvar a través de las plantas, el pasto y los árboles.

Obsérvalo mover las hojas y tambalear las ramas.

¿Qué se escucha?

Inhala el viento.

¿Está llevando la fragancia de la primavera, de las flores, de la salvia o de la tierra húmeda después de una lluvia?

¿Lleva consigo el olor salado del mar o el olor caluroso del verano?

Busca polen, semillas y hojas que el viento haya transportado por el aire a tu alrededor.

Imagínate que eres el viento.

Sopla un diente de león, una hoja de pasto o una hoja. Sopla suavemente, después lo más fuerte que puedes.

¡Ahora imagínate que el viento te está soplando a ti!

Tambaléate, dóblate, gira. Aterriza por un momento y después sacúdete otra vez.

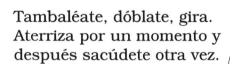

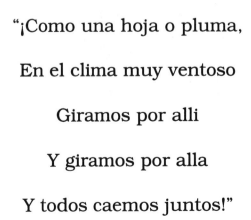

"¡Como una hoja o pluma,

En el clima muy ventoso

Giramos por alli

Y giramos por alla

Y todos caemos juntos!"

MAPA DEL SENDERO

MATERIALES

Papel
Crayolas, lápiz o
  pluma

EDADES

Preescolares
(pueden necesitar
  ayuda de los padres)

TRAZA TU CAMINO FAVORITO.

Comienza haciendo un punto o una X en una hoja de papel para mostrar en donde empieza tu camino.

Ahora dibuja una línea desde la X al otro lado de la página.

Esta línea va a ser el camino.

Mientras caminas, decide que partes u objetos quieres dibujar a lo largo de la línea de tu dibujo del mapa.

¿Puedes encontrar un árbol hueco, un arroyo, una cascada, una piedra grande y con colores brillantes, el rastro de un venado o una cueva?

¡Detente cuando encuentres algo que te interese!

Mira y disfruta, después siéntate y dibuja tu descubrimiento especial a lo largo de la línea del sendero.

También puedes darle un nombre a estas paradas especiales. Algunos nombres imaginarios pueden ser Roca Elefante, Cascadas Arcoiris, Prados Mostaza, Cueva Sonriente o Árbol de la Casa del Ratón.

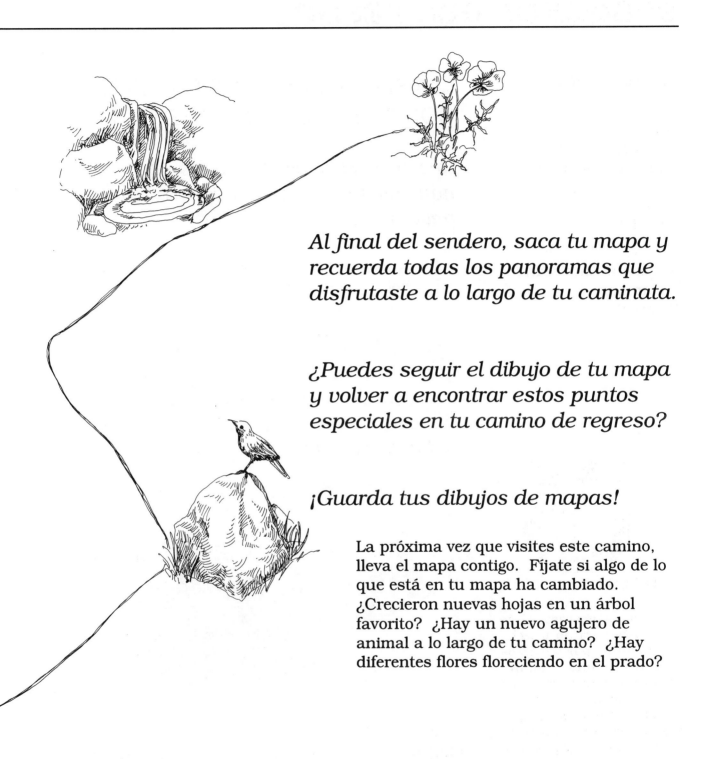

Al final del sendero, saca tu mapa y recuerda todas los panoramas que disfrutaste a lo largo de tu caminata.

¿Puedes seguir el dibujo de tu mapa y volver a encontrar estos puntos especiales en tu camino de regreso?

¡Guarda tus dibujos de mapas!

La próxima vez que visites este camino, lleva el mapa contigo. Fíjate si algo de lo que está en tu mapa ha cambiado. ¿Crecieron nuevas hojas en un árbol favorito? ¿Hay un nuevo agujero de animal a lo largo de tu camino? ¿Hay diferentes flores floreciendo en el prado?

BUSQUEDA DEL TESORO

MATERIALES

Una bolsa de papel
Piedras, semillas,
    plumas, hojas etc.

EDADES

Niños que empiezan a
    caminar
Preescolares

¿QUÉ ES UNA GALLA?

Una galla es una casa que se ve extraña para un insecto. Provocado por ciertos insectos, una planta construirá refugio con una forma redonda y llena de comida. Este refugio morado, o galla, crece alrededor de un huevo de insecto y protege y alimenta a las larvas de insectos hasta que están listos para comérsela para enfrentarse al mundo. Gallas pueden encontrarse en muchas medidas, formas y colores. Pueden ser chiquitas o tan grandes como una manzana.

LLENA UNA BOLSA DE PAPEL CON TESOROS DE CAMINOS

Recoge una colección de tesoros naturales mientras caminas a lo largo del camino.

Rocas, semillas, gallas, bellotas, plumas, hojas y corteza hacen maravillosos encuentros.

Recoge los objetos de la naturaleza que son divertidos de tocar y sostener como piedritas suaves y frias, dientes de león peludos, vainas espinosas y hojas terciopeladas.

Asómate a tu bolsa cuando hayas terminado de recoger y escoge el tesoro que más te interese.

¿Puedes nombrar lo que es?

Empieza un juego de buscar y emparejar.

Busca una pareja para tu tesoro en el suelo. Si tienes una hoja, ¿puedes encontrar una otra que sea casi igual? Si tienes una vaina o semilla, ¿puedes encontrar más a lo largo del camino?

Coloca tu tesoro de regreso en la bolsa cuando hayas terminado.

Cerrando los ojos, mete la mano en la bolsa y adivina cuales objetos estás tocando y sintiendo. ¿Puedes nombrarlos a todos?

Regresa tus tesoros cuando sea tiempo de seguir.

¡Parte de la diversión es recordar en donde las encontraste!

RECREANDO MEMORIAS

MATERIALES

Un pañuelo o pedazo
   de tela
Un objeto pequeño de
   la naturaleza
Ojos y oídos

EDADES

Preescolares y
mayores

HAZ UN DIBUJO CON TU MEMORIA

Extiende una tela o pañuelo en el suelo.

Este va a ser el marco de tu dibujo.

Recoge una pequeña delicia natural que encuentres cerca de ti, como una flor, una piedra, una hoja o una vaina.

Suelta lo que encuentres en la tela.

¿Puedes decirle a un amigo o un padre sobre tu tesoro? Dile a él o ella a que se parece. ¿Es puntiagudo o suave? ¿Tiene muchos colores? ¿Es redondo, cuadrado o rígido?

Cierra los ojos bien apretados e intenta ver un dibujo sobre tu descubrimiento.

¡Tienes que usar tu memoria!

Mientras caminas a casa, parate, cierra tus ojos e intenta volver a ver tu dibujo.

¿Todavía puedes ver el dibujo mientras que estás durmiéndo esta noche?

LLEVA UN SONIDO CON TU MEMORIA A CASA

Tu memoria puede convertir tus oídos en una grabadora.

Escucha cuidadosamente los sonidos como llamadas de pájaros y murmullos de un arroyo.

Puedes irte y usar tu memoria para escuchar los sonidos una y otra vez.

Escoge un sonido en la naturaleza.

¿El sonido es alto o bajo? ¿Puedes canturrear junto con este? ¿Es alto o suave?

Mientras caminas a casa, intenta recordar el sonido en tus oídos.

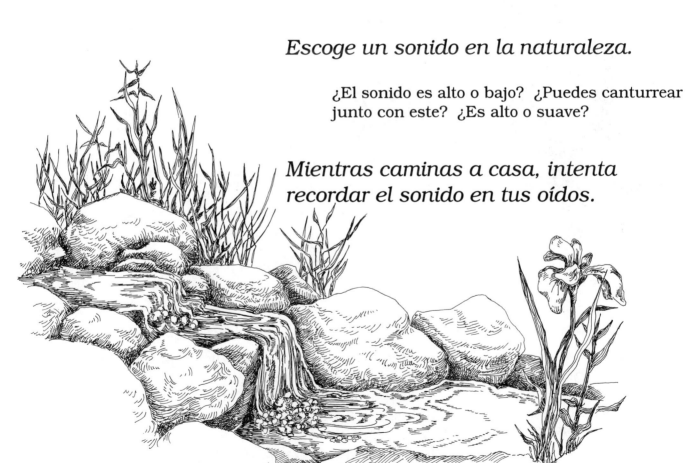

AYUDANTES DE RECICLAJE DE LA MADRE NATURALEZA

MATERIALES

Un montón de hojas, un leño o un pedazo de corteza.

EDADES

Niños que empiezan a caminar Preescolares

PRECAUCIÓN

Algunos hongos pueden ser muy peligrosos. Asegúrense que los niños mantengan sus manos y bocas lejos de todos los hongos.

OBSERVA COMO RECICLA LA MADRE NATURALEZA

Encuentra una hoja, un leño o un pedazo de corteza que la Madre Naturaleza ha reciclado.

Durante millones de años, la Madre Naturaleza ha estado reciclando o reusando lo que ella hace y crece.

¡Cuando una flor muere o una hoja cae de un árbol, la Madre Naturaleza nunca piensa en tirarlos a la basura! En cambio ella tiene ayudantes especiales que convertirán esta flor y esta hoja en comida para otras cosas vivientes.

¿QUIENES SON ESTOS AYUDANTES ESPECIALES?

Bueno, estos son hongos, bacteria e insectos.

Bacterias son animalitos muy chiquitos dificiles de ver pero están ocupados en todas partes convirtiendo plantas muertas y animales en tierra nutriente.

Un hongo es como una planta sin tallo, hoja o flor.

¡UN HONGO ES UN HONGO!

Ve si puedes encontrar un leño o un pedazo de corteza rodeada de hongos.

Estos hongos están trabajando mucho para convertir esta corteza muerta en la tierra.

LOS INSECTOS SON LOS AYUDANTES MÁS FACILES DE ENCONTRAR

Busca en un montón de hojas y ve si puedes encontrar algunas cochinillas o gusanos de tierra.

¡Ellos se están comiendo estas hojas muertas y convirtiéndolas en fertilizante para que crezcan las plantas y los árboles!

ÍNDICE POR TEMA

ÍNDICE POR EDAD

*con ayuda